ハンメの食卓
日本でつくるコリアン家庭料理

NPO法人コリアンネットあいち　編著

ゆいぽおと

はじめに

●

　日本には多くの在日コリアンが住んでいます。日本の植民地時代に渡って来た1世のほとんどが高齢となり、二つに引き裂かれてしまった故郷に帰ることなく他界しました。1世の同胞たちに少しでも安らぐ場所を提供したいとの2世の思いから、10年前にデイサービスセンターいこいのマダンが誕生しました。

　わたしたちのデイサービスセンターの名称は、いこいのマダン（2003年開設）、せとマダン（2005年開設）、ゆめマダン（2011年開設）です。マダンとは朝鮮・韓国語で「広場」という意味です。

　認知症で母語返りをして、ご家族とのコミュニケーションが取れなくなった方々がマダンへ来られると、とても生き生きされ、ご家族から感謝された事例が、この10年間で数例ありました。マダンで100歳の誕生日を迎えられた1世のご利用者は、「いまがいちばんしあわせ」だと喜んで通われました。私たちのマダンは、在日1世高齢者にとってまさしく「コヒャン（故郷）」となっています。

　そのなかで大きな役割を果たしているのが「マダンランチ」です。3か所のマダンでは、ご利用者にまごころ込めて「家庭料理」を提供しています。その調理員は1世の母親、姑のもとで学んだ主婦たちです。

　春にはたんぽぽのセンジョリやせりのナムル、わかめのサムサ、夏にはハンメそうめん、朝鮮かぼちゃのチヂミ、秋にはさつま芋のつるの炒め物、冬には小豆粥やトックなど、季節ごとのおいしい料理が、ご利用者の心と体を癒すのです。

　このマダンランチは、日本の食材を使い、在日ならではの知恵がこもった料理で、「韓流」とは別の伝統料理です。在日2世が1世への「贈り物」として提供してきた、日本でつくるコリアン家庭料理なのです。

　マダンでは、表紙カバーにもあるように、お一人ずつトレーにのせて昼食を提供します。生活が苦しいなかでご利用される方々のために、当初は無料で提供していました。そのために、出来るだけ安いものを仕入れたり、差し入れをいただいたりしながら賄っていました。運営上、やむを得ず昼食代をいただくようになりましたが、それでも1食350円なので、他事業所と比べたらお安いと思います。マダンを訪れる見学者やボランティアの方々は、「こんなにたくさん召し上がられるのですか！」と必ず驚かれます。ハンメたちは、食べることが大好きです。

　ハンメたちにもっとも喜ばれるメニューは、メンテのチヂ、サンチュのサムサやピビンパ、牛すじのクンムルです。そして、お一人ではなかなかつくって召し上がることが出来ないカレーも人気があります。調理員さんお得意のひじきや豆の煮つけなどもお好きです。

レシピ集には、各マダンで提供しているものの一部と、在日コリアンの各家庭で親しまれて来たメニューも紹介しています。また、和食も数点あります。日本での長年の暮らしのなかで、在日の食文化は進化していると思います。

　シジプサリ（シジプとは夫の家、サリとは暮らしを指します）に子育て、内職に追われた1世のハンメたちの忙しい生活を助けた化学調味料や即席食品。マダンでも重宝しているだしの素。みなさまがご自宅で実践されるときは、煮干しやかつお節など、天然の物からだしをとってみてください。

　コリアン料理といえばキムチですが、オモニ（お母さん）がそれぞれ違うように家庭によって漬け方は様々です。各マダンでも、時間と経費を考えながら取り寄せたり漬けてみたりしています。漬け方の基本をヤンニムのページで紹介しました。

　食から連なっていくハンメたちの昔話は、ページ下の一行コメントや、ハンメの知恵袋として紹介しています。

　メンテとはミョンテ（めんたい）の方言なのですが、ハンメたちにとってメンテは「干しめんたい」を指します。汁のことはクンムル―直訳すると汁水となります。「ムンチする」「サムサする」「ポッカする」のように、ハンメたちは言葉もアレンジしました。「韓流」でみなさまに馴染んでいる名称とハンメたちが使っている言葉をあえておりまぜてみました。

　最後に、「ハンメ」とは朝鮮半島慶尚道(キョンサンド)地方方言の「ハルメ―おばあちゃん」が、さらになまった「在日語」です。愛知県にはこの地方出身の在日の方々が多く住んでいます。標準語の「ハルモニ」ではなく「ハンメ」が馴染んでいて、マダンでもご利用者を「ハンメ」「ハルベ（おじいちゃん）」や「オモニ（お母さん）」「アボジ（お父さん）」と呼ばせていただいています。

　特定非営利活動法人設立10周年、いこいのマダン開設10周年を迎え、「マダンランチ」を日本の社会へ発信することで、在日の歴史、文化への理解が深まればどんなに良いだろうとの思いから、この『ハンメの食卓』をまとめました。

　この思いをしっかりと受け止めて下さった、ゆいぽおとの山本直子様へ心よりお礼を申し上げます。コマプスムニダ！

もくじ

2 はじめに

6 春夏の食卓

8 ポッサム
10 メンテの皮と裂きメンテのムンチ
12 たけのことふきのチョジャン和え
14 よもぎのクンムル
16 いかとわけぎのぬた
17 せりとほうれんそうのナムル
18 生わかめのサムサ
19 たんぽぽのセンジョリ
20 ハンメそうめん
21 ケニパリ
22 レング

23 秋の食卓

24 牛すじ肉じゃが
26 三色ナムル
28 ズッキーニとねぎのチヂミ
30 いわしのクンムル
32 鶏肉のポッカ
33 エリンギとはんぺんのポッカ
34 大根とさばのチヂ
35 水菜と大根のセンジョリ
36 豆もやしのクンムル

37 冬の食卓

- 38 さんまと大根のチヂ
- 40 豆腐あんかけ
- 42 じゃがいものチヂミ
- 44 わかめと卵焼きの酢の物
- 45 玉ねぎときゅうりの昆布和え
- 46 わけぎのセンジョリ
- 47 たらのクンムル
- 48 牛すじのクンムル
- 50 パッチュ

52 特別な日の食卓

- 54 キムパ
- 56 ピビンバ
- 58 トック
- 59 テジコギ
- 60 豆腐チヂ
- 61 岩のりのムンチ
- 62 ム
- 63 わかめのクンムル
- 64 テンジャン
- 66 シルト
- 68 スット
- 70 ソンピョン
- 72 ヤッパ

73 ヤンニム

- 74 かんたんコチジャン
- 75 ヤンニムジャン／チョジャン／
  サムジャン／焼肉用もみだれ

- 76 おわりに
- 78 コリアンネットあいち／調理員の紹介

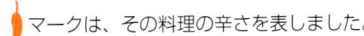
マークは、その料理の辛さを表しました。

春夏の食卓

❶ポッサム／ P8　❷メンテの皮と裂きメンテのムンチ／ P10
❸たけのことふきのチョジャン和え／ P12　❹よもぎのクンムル／ P14　❺いかとわけぎのぬた／ P16
❻せりとほうれんそうのナムル／ P17　❼生わかめのサムサ／ P18　❽たんぽぽのセンジョリ／ P19
❾ハンメそうめん／ P20　❿ケニパリ／ P21　⓫レング／ P22

ポッサム

■ 調理時間／60分

● ポッサム（보쌈）：包み葉

材料 4人分

豚バラ肉	500g
【付け野菜】	
えごまの葉	16枚
サンチュ	16枚
長ねぎの白い部分	2本分
キムチ	150g
【ボイル用調味料】	
みそ	大さじ1
砂糖	大さじ1
長ねぎの青い部分	2本分
【サムジャン】（P75参照）	適宜

◇ サンチュがでると必ずおかわりをするサンイムハンメやスプハルベ。

[作り方]

1. 付け野菜を洗い、水気を切る。
2. 長ねぎの白い部分を、しらがに切る。
3. 水に豚バラ肉、ボイル用調味料を入れ強火にかける。
4. あくが出てきたら取り除き、中火にする。
5. 40分ゆで、竹串が通ったら取り出し冷ます。
6. 豚バラ肉を5mm幅に切る。
7. 皿にえごまの葉を敷き、肉を並べ、キムチ、サムジャン、付け野菜を添える。

[食べ方]

サンチュ、えごまの葉をお好みで手にとり、ゆで豚、しらがねぎ、キムチ、サムジャンをお好みでのせ、包んで食べる。

! アレンジ
  レシピ

サムギョプサル

● サムギョプサル（삼겹살）：豚バラ肉

豚バラ肉をひと口大に切り、軽く、塩、こしょうをして、フライパンでこんがりと焼き上げる。
豚バラ肉をそのままこんがり焼いて、ごま油に塩を入れたタレをつけてもよい。付け合わせには、にんにくスライス、青唐辛子などもお好みでどうぞ。

ハンメの知恵袋

ハンメたちは「サムサ モンヌンダ」と言います。サンチュなどで包んで食べるという意味。韓国メニューの「ポッサム」と同じ意味です。そしてサンチュは茎を折ると白い「ミルク」が出ます。眠くなる成分が入っているようで、「サンチュは夜食べるもの」と教えられた人もいます。その頃のサンチュはゴワゴワしていたのですが、最近は「ミルク」も出ないし食べやすくなりましたね。

メンテの皮と裂きメンテのムンチ

■ 調理時間／各20分

● メンテ（맹태）：干しめんたい

材料 各4人分

[メンテの皮のムンチ]
メンテの皮 ………… 80g
きざみねぎ ………… 適宜
【調味料】
　コチジャン …… 大さじ2
　しょうゆ ……… 大さじ1
　砂糖 …………… 大さじ1
　ごま …………… 大さじ1
　ごま油 ………… 小さじ1
　おろしにんにく … 適宜

[裂きメンテのムンチ]
メンテ ……………… 80g
【調味料】
　みりん ………… 大さじ3
　ごま油 ………… 大さじ3
　コチジャン …… 大さじ3
　しょうゆ ……… 大さじ1
　ごま …………… 大さじ1
　おろしにんにく … 適宜

◇「メンテを上手に叩くのは一苦労だった！今はいいな。裂いたものが売っとるで」

[メンテの皮のムンチの作り方]
*メンテの皮は市販の物を購入する。

1. メンテの皮を一口大にはさみで切る。
2. 沸騰した湯に、メンテの皮を入れ、中火にして2分間煮てざるに取る。
3. 皮の汚れが出るので、ボウルに水をため2回くらいもみ洗いする。
4. ざるに取り、しっかり水切りする。
5. ボウルに 4 を入れ、調味料をもみこむ。
6. きざみねぎをからめて、器に盛る。

[裂きメンテのムンチの作り方]

1. 裂きメンテをボウルに入れて、みりん、ごま油各大さじ2杯分を振りかけながら全体にからませ、メンテをしんなりさせる。
2. 1 に残りの調味料をすべて入れ、なじませて器に盛る。

ハンメの知恵袋

ムンチとは、軽くもみこんで味付けすること。もともとはムチム＝もみこんだもの、ムチダ＝もみ込むですが、ハンメたちは「ムンチする」と言います。ハンメたちはメンテまるまる一尾を「木のハンマー」で叩いて崩して使っていました。今は韓国食材店に片身のものや裂いたもの、皮もむいたものが売られています。

アレンジレシピ

さきいかのムンチ

■ 調理時間／20分

さきいか	50g
【調味料】	
ごま油	大さじ1
コチジャン、みりん	各大さじ1
酒、砂糖、ごま	各大さじ½
水あめ	大さじ¼
おろしにんにく	小さじ½
しょうゆ	適宜

[作り方]

① さきいかの長い物や太い物は、食べやすく切りほぐす。
② ①をボウルに入れ、ごま油をまぶしざっと混ぜる。
③ 別のボウルに残りの調味料を入れ、混ぜ合わせる。
④ ②のさきいかを入れ、もみこむようになじませる。
⑤ 器に盛って出来上がり。

たけのことふきのチョジャン和え

■ 調理時間／20分（材料をゆでる時間はのぞく）

● チョジャン（조장）：唐辛子酢みそ

材料 4人分

たけのこ（ゆでた物）	200g
ふき（ゆでた物）	200g
【調味料】	
コチジャン	大さじ5
砂糖	大さじ2
※コチジャンの辛さによって砂糖の分量を調節するとよい	
酢	60cc
こうじみそ	50g
おろしにんにく	小さじ1
ごま	適宜
【生のたけのこをゆでるときの材料】	
ぬか	大さじ2
赤唐辛子	1本

◇「サンナムル（山菜のもみ和え物）がこの世で一番おいしい」と言うハンメたち。

[作り方]

1. ふきは4cmに切る。
2. たけのこは縦半分に切り、5mmの薄切りにする。
3. 食べる直前にボウルに 1 2 と調味料を入れて、軽く混ぜあわせる。

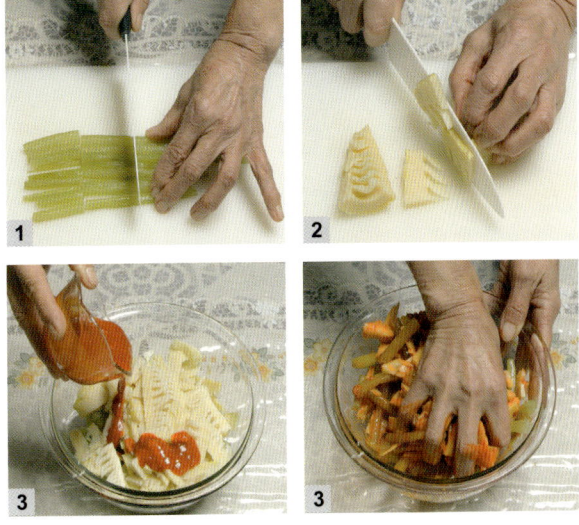

[生のたけのこのゆで方]

1. 皮つきのたけのこを、縦4つに切り皮をむく。
2. 鍋に2000ccの水とぬか大さじ2、赤唐辛子1本を入れて30分ゆでる。たけのこに竹串が通るのを確認する。
3. 竹串が軽く刺さったら水洗いをし、一晩水にさらす。

[生のふきのゆで方]

1. ふきの葉を取り4等分にする。
2. 鍋に湯を沸騰させてふきを入れる。
3. 15分ゆでて、水にさらし皮をむく。

「モグイパリ（ふきの葉）のサムサは苦みがたまらんね」

よもぎのクンムル

■ 調理時間／30分

● クンムル（국물）：汁

材料 4人分

生のよもぎ	500g
小麦粉	大さじ2
水	1000cc
【調味料】	
だしの素	大さじ2
しょうゆ	大さじ1

◇「秋のよもぎとたんぽぽもおいしいよ」と言うハンメたち。

[作り方]

1. よもぎのごみを取り除く。
2. 大きいボウルにざるを置き、よもぎを入れて水を流しながら手でもむ。
3. 黒いよもぎのあくが出てくるので、水を変えながら汁がきれいな黄緑色になるまで、そっともみ洗いする。
4. 軽く絞る。
5. 鍋に湯を沸かす。
6. 沸騰したら、よもぎを入れる。
7. 調味料を入れる。
8. 小麦粉に少量(分量外)の水を入れ、よく溶かして鍋に流し入れる。
9. よもぎ全体にからむように混ぜ、とろみが出てきたら火を止める。

ハンメの知恵袋

よもぎは身近で摘める食材です。便秘の解消にもなります。春にたくさん摘んでゆで、小分けして冷凍しておくと便利です(P69 参照)。マダンの冷凍庫にも常備されています。昔は食べ物がなく、よもぎに小麦粉をまぶし蒸して、砂糖をつけておやつにしていたそうです。幼い頃には苦手であっても年を重ねるごとに懐かしくなる味です。

よもぎを「ケリ」(よりわけ)しながらつばをのみ込むハンメたち。

いかとわけぎのぬた

■ 調理時間／20分

材料 4人分

生いか …… 2はい
わけぎ …… 2束
【調味料】
　白みそ …… 65g
　酢 …… 60cc
　砂糖 … 大さじ2

[作り方]

1. わけぎは洗い、根を切り取る。
2. 沸騰した湯に、わけぎをさっとゆでて水に取り、冷めたら水気をしぼって5cmに切る。
3. いかのはらわたを抜く。
4. 沸騰した湯にいかを入れて、白く色が変わったら取り出して冷ます。
5. いかは幅1cm、長さ5cmに切る。
6. 調味料を合わせ、ぬたを作る。
7. 食べる直前にボウルに入れ、ぬたとからめる。

＊ぬたの代わりに、チョジャン（P75参照）でもよい。

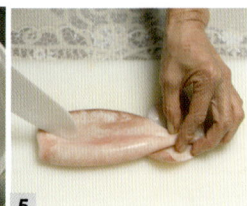

◇ 春になるとエンドゥ（ゆすらうめ）を摘んで来てくれるジョムシハンメ。

せりとほうれんそうのナムル

● ナムル（나물）：もみ和え物

■ 調理時間／20分

材料 4人分

ほうれんそう	1把
せり	1把

【調味料】
- 薄口しょうゆ … 大さじ1
- ごま油 … 大さじ1
- ごま … 大さじ1
- おろしにんにく … 小さじ1½
- 塩 … 小さじ½
- ※酢 … 少々

［作り方］

1. せりとほうれんそうは、熱湯でさっと塩ゆでする。
2. 水気をしぼって、4cmの長さに切りボウルに入れる。
3. 調味料をすべて入れて軽く混ぜる。
4. お好みで、酢を入れてもおいしい。

1

2

3

3

「とにかく食べ物がないから、葉っぱばかり食べとったわ」

生わかめのサムサ

● サムサ (삼싸)：包むこと

■ 調理時間／10分

材料 4人分
- 生わかめ … 200〜300g
- ご飯 … 適宜
- 【ヤンニムジャン】(P75参照) … 適宜

[作り方]
1. ざるにわかめを広げ、熱湯をさっとかける。
2. 冷水に入れ取り出し、水気を切る。
3. 食べやすい大きさに切る。
4. わかめにご飯とヤンニムジャンをのせ包んで食べる。

1

> **アレンジレシピ**
>
> 「サムサ」して食べるのは、わかめやサンチュだけではなく、春には生のたんぽぽの葉であったり、ゆでたふきの葉やキャベツであったり、冬には白菜の中の葉であったり、あらゆるものを「サムサ」します。わかめをごま油でポッカし、しょうゆ、ごまを絡めてたべるのもおいしいです。
>
> 「ポンヌンダ」は炒めると言う意味。ハンメたちは「ポッカする」と言います。

[食べ方]

◇ チュンシムハンメが初夏に差し入れてくれたわかめ。その日からわかめのサムサがメニューに。

たんぽぽのセンジョリ

● センジョリ (생절이)：サラダ

■ 調理時間／10分

材料 4人分

| たんぽぽ | 200g |
| 大根 | ¼本 |

【調味料】
酢、ごま油、ごま、砂糖
粉唐辛子 …… 各大さじ1
しょうゆ ……… 大さじ1½
おろしにんにく … 小さじ2

[作り方]
1. たんぽぽは、水洗いして水気を切り、食べやすい大きさに、手でちぎる。
2. 大根は千切りにする。
3. ボウルに調味料をすべて入れて、軽くもみあわせる。

ハンメの知恵袋

生野菜を軽くムンチしたものをハンメたちは「センジョリ」と言います。「チョレギ」のことですね。
特に夏野菜、水菜、レタス、きゅうりなどをセンジョリして食べます。

2

3

3

マダンには春になるとたんぽぽ（ミンドゥルレ）や、せり（ミナリ）が差し入れされます。

ハンメそうめん

● ハンメ（함매）：おばあちゃん

■ 調理時間／30分

材料 4人分

- そうめん（乾） …… 200g
- 卵 …………… 2個
- きゅうり ………… 3本
- トマト ………… 小1個
- 万能ねぎ ………… 1本
- 【麺つゆ】
  - 水 …………… 600cc
  - 薄口しょうゆ …… 100cc
  - みりん ………… 大さじ1
  - だしの素 ……… 大さじ1
- 【ヤンニムジャン】（P75 参照）
  - ………… 300cc

[作り方]

1. 沸騰した湯に、そうめんをパラパラと入れて、2～3分ゆでる。火を止め冷水に取りぬめりを取るようにもみ洗いし、ざるにあげて水気を切る。
2. 錦糸卵を作る。
3. きゅうりを千切り、トマトを8mm幅にスライスし、万能ねぎをみじん切りにする。

「麺つゆ」

4. 水と調味料を鍋に入れ、強火にかける。湧いてきたらあくをすくい取り、沸騰したら火を止めて冷ます。
5. 大きめの器にほぐしたそうめんを形良く盛り、2 3の具をのせる。4を静かに流し入れる。
6. ヤンニムジャンを添える。

1

4

4

◇ うどんにはヤンニムジャン、親子丼にはコチジャンを混ぜて食べるハルベ、ハンメたち。

ケニパリ

● ケニパリ（깻잎파리）：えごまの葉

■ 調理時間／20分

材料 4人分
えごまの葉 …………… 20枚
【ヤンニムジャン】（P75参照）
　　　　　………… 200cc

[作り方]
1. えごまの葉をよく洗い、1枚ずつ水けをふき取る。
2. ヤンニムジャンをボウルに入れる。
3. えごまの葉を数枚ずつまとめてくきをもち、ヤンニムジャンを表と裏にぬり込み、押し重ねていく。漬けてすぐに食べてもいいし、冷蔵庫に保存すれば1ヵ月は楽しめる。
  ※長期保存する場合
   1の後、しょうゆ漬け（30分程）してから2の工程へ。（しょうゆはしっかり絞りましょう。）

ハンメの知恵袋

ケニパリ＝えごまの葉は夏が旬です。しかし市販ではなかなか手に入りませんね。在日コリアンは、多くの家庭でケニパリやプッコチュ＝青唐辛子を育てています。ご近所に在日コリアンがいたらぜひ声をかけてください。分けてもらえると思いますよ。ケニパリの代わりにしその葉でもおいしいです。

ケニパリを枝ごと持ってきてくれるヨンチョルハルベ。みんなでケリして漬けこみます。

レング

● レング（랭국）：冷や汁

材料 4人分

水で戻したわかめ … 100g
きゅうり ………………… 2本
水 …………………… 720cc
【調味料】
　麺つゆ ………… 大さじ3
　ごま …………… 大さじ1
　塩 ………………………… 少々
　酢 ………………………… 適宜

■ 調理時間／15分

[作り方]

1. わかめは、ひと口大に切る。
2. きゅうりは、細切りにする。
3. ボウルにわかめときゅうり、調味料を入れて混ぜ合わせる。
4. 水を入れ、味見をして、塩で味を調える。
5. 食べる時に器に氷を浮かべて食卓に出す。

◇ ムルキムチをたくさん作って運んでくれるスニハンメ。

秋の食卓

❶牛すじ肉じゃが／ P24　❷三色ナムル／ P26　❸ズッキーニとねぎのチヂミ／ P28
❹いわしのクンムル／ P30　❺鶏肉のポッカ／ P32　❻エリンギとはんぺんのポッカ／ P33
❼大根とさばのチヂ／ P34　❽水菜と大根のセンジョリ／ P35　❾豆もやしのクンムル／ P36

牛すじ肉じゃが

■ 調理時間／40分

材料 4人分

ボイルした牛すじ肉	100〜120g
じゃがいも	中3個
にんじん	中1本
玉ねぎ	大1個
こんにゃく（角切り）	1袋
油	大さじ1
水	500cc
粉唐辛子	大さじ1

【調味料】

酒	100cc
みりん	大さじ3
砂糖	大さじ3
薄口しょうゆ	80cc
濃い口しょうゆ	40cc
だしの素	小さじ2
おろしにんにく	大さじ1

※色どりに赤ピーマンなど

［作り方］

1. じゃがいもは皮をむき4等分、にんじんは乱切り、玉ねぎは半月切りにする。
2. 牛すじ肉は食べやすい大きさに切る。
3. 鍋に油を入れ、牛すじ肉を炒める。
4. じゃがいも、にんじん、こんにゃくを入れ、全体に油をからませる。
5. 調味料を入れる。
6. 5 に水を入れ、中火にかける。沸騰したらあくを取り、粉唐辛子を入れる。
7. じゃがいもが柔らかくなったら玉ねぎを入れ、約5分煮る。
8. お好みで、赤ピーマンを入れて火を止める。

!アレンジ
レシピ

- 肉は、牛すじ肉でなくてもかまいません。豚バラ肉や鶏もも肉でもいいでしょう。
牛すじ肉と大根にヤンニムをたっぷり入れて煮込んでもおいしいです。

三色ナムル

■ 調理時間／30分

材料 4人分

[もやしのナムル]
緑豆もやし（2袋） … 400g
塩 ……………… 小さじ1
粉唐辛子 ………… 適宜
【調味料】
　ごま油 ………… 大さじ1
　薄口しょうゆ …… 大さじ1
　塩 …………… 小さじ½
　おろしにんにく …… 適宜
　ごま …………… 適宜

[なすのナムル（電子レンジ使用）]
なす（100gほどの物） …… 3本
粉唐辛子 ……………… 適宜
【調味料】
　ごま油 …………… 大さじ1
　おろしにんにく …… 小さじ1
　薄口しょうゆ ……… 小さじ2

[ほうれんそうのナムル]
ほうれんそう ……… 2把
塩 ……………… 小さじ1
【調味料】
　ごま油 ……… 大さじ1
　薄口しょうゆ … 大さじ1
　ごま ………… 小さじ2
　おろしにんにく … 適宜

◇「なすびとししとうは小麦粉をまぶして蒸すのもおいしいよ！」

[もやしのナムルの作り方]

1. もやしを洗う。
2. 深鍋にもやしを入れ、もやしが隠れる位の水を入れる。塩を入れる。
3. 鍋のふたをしないで強火にし、沸騰したら火を止め2、3分置き、ざるに上げて冷ます。
4. 冷めたら水気をしぼりボウルに入れる。
5. 調味料を入れて混ぜ合わせる。
6. 味の調整をしながら粉唐辛子、分量外の塩を加える。

[なすのナムルの作り方]

1. なすは洗ってへたを切り、ざっと皮をむく。
2. なすの空気を抜くために竹串で所どころに穴をあける。
3. ラップにくるみ、750Wで7分加熱して、ラップを取り冷ます。
4. 縦半分、横に3等分し、手で裂く。
5. 水気を取りボウルに入れ調味料を入れる。
6. 粉唐辛子を加える。

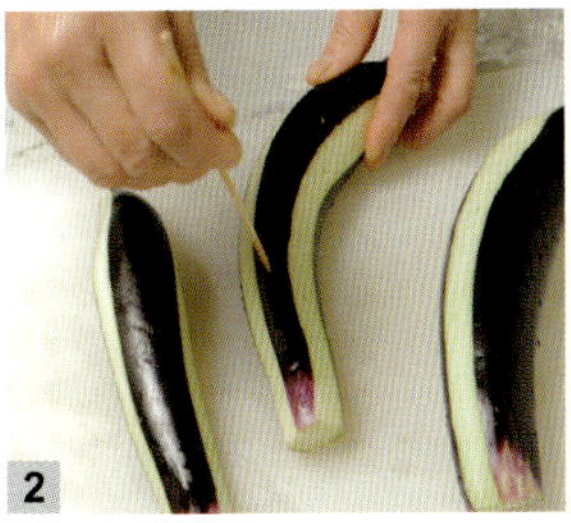

[ほうれんそうのナムルの作り方]

1. 鍋に湯を沸かす。沸騰したら小さじ1の塩を入れて、ほうれんそうを入れる。色が鮮やかになったら素早く冷水に取り、水気をしぼる。
2. 3、4cmの長さに切ってボウルに入れ、調味料を入れさっと混ぜる。

> **！アレンジレシピ**
>
> ● ナムルとは、ゆで野菜をムンチしたものです。ナムルには季節の野菜を使います。ほうれん草ではなくこまつ菜やにら、春菊やわけぎでも、いろいろアレンジできます。もやしは大豆もやしが適していますが、緑豆もやしや黒豆もやしでもおいしいですね。　※大豆もやしをゆでる場合は鍋にふたをします（P36参照）。

ハンメの知恵袋

ハンメたちは奇数にこだわります。食卓にだすナムルの種類が奇数なのはその象徴。お供えするときはもちろん、お祝いのときも割り切れないように、奇数を意識します。

「なすびは生のまんまでもおいしいよ！小さい頃食べるものがなくて、畑で頂戴して？よう食べた！」

ズッキーニとねぎのチヂミ

■ 調理時間／30分

● チヂミ（지짐이）：おやき

材料 4人分	
ズッキーニ	1本
万能ねぎ	1把
小麦粉	200g
水	200cc
卵	1個
ごま油	大さじ2
【調味料】	
薄口しょうゆ	大さじ1
塩	小さじ1

※お好みで青唐辛子を刻んで入れてもよい

【ヤンニムジャン】（P75参照）
　　　　　　　　　　　　　適宜

◇ 秋になると大きな朝鮮かぼちゃを差し入れしてくれるケプンハンメ。

［作り方］

1. 万能ねぎを洗い根元を切り、4cmに切る。
2. ズッキーニは千切りにする。
3. ボウルに小麦粉、水、卵、調味料を入れ混ぜる。
4. 1 をボウルに入れ、3 の ½ と混ぜ合わせる。
5. 2 も同様に混ぜ合わせる。
6. 熱したフライパンに大さじ1のごま油をひき、4 の ½ を流し入れる。中火でこんがりと両面焼く。（ 5 も同様に焼く）
7. 形良くカットして器に盛り、ヤンニムジャンを添える。

! アレンジレシピ

ズッキーニは朝鮮かぼちゃと似ていて、重宝します。もともと朝鮮かぼちゃのチヂミですが、ズッキーニで代用します。

チヂミは、にら、にんじん、じゃがいも、たまねぎ、わけぎ、げそ、ミンチなど、様々なアレンジを楽しめます。

ハンメの知恵袋

チヂミとは焼いた物という意味で、ハンメたちは「チヂム」と言います。チェサ（祭祀）にお供えして食べるものでした。にらやにんじんのチヂミはできるだけ薄く、焦げ目をつけないように焼きました。また、えびやたら、牛肉やしいたけなど、海・山・陸のものを小麦粉と卵にまぶして焼きました。ハンメたちは「チョップチ」すると言います。最近はいろいろな具材が入り、こんがりと焼けたチヂミが食卓にのぼるようになりました。

チヂミを焼くのはお手のもの。日本のお好み焼きもついついヘラで押しちゃいます。

いわしのクンムル

■ 調理時間／30分

材料
4人分

いわし（大） ……………… 4尾
山東菜 ……………………… 2株
水 ………………………… 1000cc
【調味料】
　みそ ……………………… 大さじ2
　だしの素 ………………… 大さじ1
　おろしにんにく ………… 大さじ1
　しょうゆ ………………… 大さじ1
　塩 ………………………… 適宜
※色どりに赤ピーマンなど

◇「何が食べたいですか？」「どじょう汁！」「カオリ（エイ）と鯉の刺身！」

[作り方]

1. いわしは、うろこ、頭、内臓を取り血を洗い流しておく。
2. 山東菜はきれいに洗って、さっとゆで、水気をしぼり4cmに切る。
3. 鍋に水を入れ、いわしを入れて強火にかける。
4. 3が沸騰したら火を中火にして、ふたをして3分間煮る。
5. 2をボウルに入れて、みそ、だしの素、おろしにんにくを入れてもみ混ぜる。
6. 4の火を止めていわしを取りだし、骨を取り除き鍋に戻す。
7. 6に5としょうゆを入れて火をつけ、山東菜の色が変わったら弱火にして味見をする。薄ければ塩を足す。
8. お好みで、赤ピーマンを入れて火を止める。

! アレンジ
　レシピ

いわしの代わりにさんまやあじも使えます。生臭さが気になる場合は、下ゆでするのもいいでしょう。いわしのクンムルには、はくさい菜や山東菜、シレギ＝大根の葉を干したものがよく合います。

ハンメの知恵袋

多くの1世たちは、ミクラジクンムル＝どじょう汁を好み、夏バテ防止に食しました。最近はどじょうも高級魚になり、なかなか手に入らなくなりましたね。どじょうの調理はかなり手間もかかります。どじょうに代わるスタミナ汁として、いわしは重宝したのでしょう。

鶏肉のポッカ

■ 調理時間／20分

● ポッカ（볶아）：炒め

材料 4人分

鶏もも肉（中）	2枚
サニーレタス	4枚
油	大さじ2
ごま油	適宜
ごま	適宜
【調味料】	
酒	大さじ4
しょうゆ	大さじ4
砂糖	大さじ2
おろしにんにく	小さじ2
粉唐辛子	小さじ2

※色どりにねぎ

[作り方]

1. 鶏もも肉を縦半分、2cm幅に切る。
2. 熱したフライパンに油をひき、肉をほぐしながら炒める。
3. 肉に火が通ったらフライパンの油をキッチンペーパーで吸いとり、調味料を入れる。
4. 水分がなくなるまで炒めて、最後にごま油、ごまを入れる。

◇「タルロンゲ（野蒜：のびる）、まあるいところがおいしいよ」

エリンギとはんぺんのポッカ

■ 調理時間／15分

材料 4人分

エリンギ（中）	2本
はんぺん（丸でも四角でも）	2枚
油	小さじ1
ごま油	適宜
ごま	適宜

【調味料】
- 酒 ……… 大さじ1
- みりん ……… 大さじ1
- しょうゆ ……… 大さじ1
- 砂糖 ……… 大さじ1
- おろしにんにく ……… 小さじ1
- 粉唐辛子 ……… 小さじ1½

※色どりにねぎ

[作り方]

1. はんぺんは1cm幅に切り、エリンギは石づきを取って、輪切りにする。
2. フライパンに油をひき、熱くなったらはんぺんを入れ、全体に油がからまったらエリンギを入れる。
3. はんぺん、エリンギに火が通ったら、調味料を入れる。
4. 水分がなくなるまで炒めて、最後にごま油、ごまを入れる。

「出来たてはおいしいけど発酵すると臭いんだ！」 メジュは在日の家々にぶら下がっていたようです。

大根とさばのチヂ

■ 調理時間／45分

● チヂ（찌지）：煮つけ

材料 4人分

さば	4切
大根（中）	½本
米	ひとつまみ
赤唐辛子	1本

【調味料】
水	100cc
赤みそ	30g
みりん	大さじ2
酒	大さじ2
砂糖	大さじ1
しょうゆ	大さじ1
おろしにんにく	大さじ1
コチジャン（P74参照）	大さじ1
刻みしょうが	適宜

[作り方]

1 大根の皮をむき、縦半分に切り、1.5cm幅の半月切りにする。
2 鍋の底に大根を並べ、大根がかくれる位の水（分量外）と米ひとつまみを入れる。
3 大根に竹串がスッと通るまで下ゆでする。
4 調味料を混ぜ合わせる。
5 柔らかくなった大根の上にさばを並べ、4 の調味料をかける。
6 弱火で30分位煮る。
7 赤唐辛子を細く輪切りにし、のせる。

◇「唐辛子が入ってないと料理じゃない！」辛い食べ物が大好きなナムスンハンメ。

水菜と大根のセンジョリ

■ 調理時間／20分

材料 4人分

- 水菜 …………… 2株
- 大根（小）………… ¼本
- きゅうり ………… 1本
- 赤ピーマン ………… ¼本
- 【調味料】
  - 砂糖 ………… 大さじ2
  - 酢 ………… 大さじ2
  - 薄口しょうゆ …… 大さじ1
  - ごま油 ……… 小さじ1½
  - 粉唐辛子 ……… 小さじ1
  - ごま ………… 適宜

[作り方]
1. 水菜は洗って根を切り、4㎝に切る。大根は皮をむき細切りに、きゅうりも細切りにする。
2. 調味料を器に混ぜ合わせる。
3. ボウルに 1 と 2 を入れ、ざっくり混ぜる。

畑で採れた野菜をせっせと届けてくれるピョンジュンハルベ。

豆もやしのクンムル

■ 調理時間／30分

材料 4人分

大豆もやし	200g
水	800cc
万能ねぎ（みじん切り）	1本
ごま	適宜
【調味料】	
薄口しょうゆ	大さじ2
だしの素	大さじ½
塩	小さじ1
おろしにんにく	適宜

[作り方]

1. 大豆もやしを洗って、ひげ根を切る。
2. 鍋に大豆もやしと塩、水を入れふたをして火にかける。
3. 沸騰したら中火にして5分ゆでる。
4. ふたを取り、鍋におろしにんにくと薄口しょうゆ、だしの素を入れてふたをして、弱火で15分煮る。
5. 味を調えて、ごまを入れる。
6. 器に移して、ねぎを散らす。

ハンメの知恵袋

昔は大きな大豆もやしが売られていました。ハンメといっしょに向かい合ってしっぽ（根っこ）をもぎる姿は在日コリアンの多くの家庭で見られました。今では大きな大豆もやしが手に入らなくなりました。

◇ サツマイモのつるの皮むきも、思い出話に花咲かせてあっという間に出来上がり。

冬の食卓

❶さんまと大根のチヂ／ P38　❷豆腐あんかけ／ P40　❸じゃがいもチヂミ／ P42
❹わかめと卵焼きの酢の物／ P44　❺玉ねぎときゅうりの昆布和え／ P45　❻わけぎのセンジョリ／ P46
❼たらのクンムル／ P47　❽牛すじのクンムル／ P48　❾パッチュ／ P50

さんまと大根のチヂ

■ 調理時間／40分

材料 4人分

さんま	2尾
大根	¼本
米	ひとつまみ
水	250cc
しょうが	1片

【調味料】
- 粉唐辛子 …… 小さじ1½
- 赤みそ …… 大さじ2
- しょうゆ …… 大さじ2
- みりん …… 大さじ2
- 砂糖 …… 大さじ1
- おろしにんにく …… 適宜

◇ 生活のためにどぶろくをつくったハンメたち。故郷では各家庭でつくるものでした。

[作り方]

1. さんまは、頭と尾を切り落として内臓を取り除き2等分し、熱湯をさっとかけて臭みを取る。
2. 大根は皮をむき、2cm幅の半月切りに、しょうがも皮をむき、薄切りにする。
3. 鍋に大根がかぶる位の水（分量外）と米を入れて下ゆでしたら、ざるに上げておく。
4. 鍋に3の大根を入れ、さんまを並べ、しょうがを入れる。
5. 残りの調味料を合わせておく。
6. 鍋に水と5の調味料を入れ、強火にし、沸騰したら中火にし、大根が柔らかくなるまで煮る。

!アレンジレシピ

さんまではなく、さばやいわしでもこの調理法で作ります。太刀魚がもっともポピュラーです。

ハンメの知恵袋

さかなを「チヂする」とハンメたちは言います。「チヂダ」は煮つけると言う意味。なぜかチヂして食べる魚はうろこがない魚が多いです。そして、誕生日やチェサに、うろこがない魚を出してはならないと言います。なぜでしょう。「カルチ（たちうお）」「コンチ（さんま）」はうろこがない魚。「チ」とは「恥」に当たる意味があるので誕生日やチェサに出さないとのことです。

どぶろくづくりは私たちの食文化。ハンメたちはマッコリではなくタッペギといいます。

豆腐あんかけ

■ 調理時間／30分

材料
4人分

絹ごし豆腐	1丁
えび	12尾
えのき（小）	1袋
しめじ	½袋
水	500cc
小麦粉	50g
ごま油	適宜
パプリカ（細切り）	少々
万能ねぎ（みじん切り）	少々

【あん】

かたくり粉	大さじ2
みりん	大さじ3
しょうゆ	大さじ2
砂糖	大さじ2
だしの素	小さじ1
ごま油	大さじ1½

[作り方]

1. 【あん】の材料を混ぜ合わせておく。
2. 豆腐は4等分に切り、水気を切る。
3. えびの殻と背ワタを取り除く。
4. えのきは、洗って石づきを取り除き3等分にする。
5. しめじは軽く洗って、石づきを取り、食べやすい大きさに手でほぐす。
6. 豆腐に小麦粉をまぶす。
7. フライパンにごま油をひき、豆腐を並べて、こんがり焼きあげる。
8. 鍋に水を入れて火にかける。
9. 水が沸騰してきたら、えび、えのき、しめじを入れ、煮立ってきたら **1** を回し入れる。
10. 全体に火が通ったら火を止め、ごま油を入れて軽く混ぜる。
11. 器に盛った豆腐に **10** をかけて、パプリカとねぎをのせる。

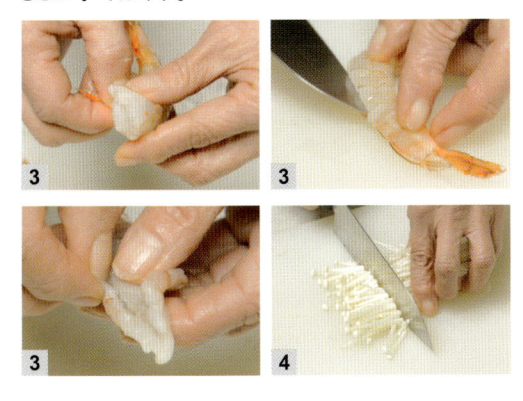

!アレンジレシピ

豆腐あんかけ（きざみ食）

きざみ食対応の方には辛みが禁物ですね。マダンでは、みなさんと同じ一般のメニューを出来るだけアレンジしてきざみ食として提供します。豆腐あんかけのようにかたくり粉を使ったメニューが喜ばれます。

具材はきざんでおく。

豆腐はつぶして焼く。

「帰りたくないなあ。マダンで泊っていこまい！」

じゃがいもチヂミ

■ 調理時間／30分

材料 4人分

じゃがいも（中）	2個
小麦粉	200g
かたくり粉	大さじ2
水	160cc
【調味料】	
ごま油	適宜
砂糖	大さじ3
塩	小さじ1

◇「人間は年とって汚くなるけど、木は年とって、なんて綺麗なんだ！」

[作り方]

1. じゃがいもを洗い、皮をむき千切りにして水に5分さらしたら水切りをする。
2. 1に小麦粉、かたくり粉、水を入れて混ぜる。
3. 2に砂糖、塩を入れ、さらに混ぜ合わせる。
4. フライパンにごま油を入れ、うっすらと煙が立ちはじめたら、3の具の⅓を流し入れ、中火で両面をこんがり焼きあげる。残りの材料で2枚同じように焼きあげる。
5. 食べやすい大きさに切り、皿に形良く盛りつける。

> **アレンジレシピ**
>
> じゃがいものチヂミは、すりおろしたもので作ってもおいしいです。もともとおかずとして食べるものですが、砂糖を入れて、甘いスイーツにしてみました。ハンメたちに好評です。

わかめと卵焼きの酢の物

■ 調理時間／20分

材料 4人分

- わかめ（カット） …………… 20g
- 卵 …………………………… 2個
- きゅうり …………………… 1本
- パプリカ（赤、黄） … 各¼個
- しらす ……………………… 100g

【調味料】
- 砂糖 ……………… 大さじ4
- 酢 ………………… 大さじ4
- みりん …………… 大さじ2
- しょうゆ ………… 大さじ2
- ごま油 …………… 大さじ2
- ごま ……………… 大さじ1
- 粉唐辛子 ………… 小さじ1

［作り方］

1. カットわかめを水で戻して、2cm位に切り、水気を切っておく。
2. 卵は割りほぐして薄焼きにし、細切りにする。
3. きゅうりは洗って、細切りにする。
4. パプリカは湯通しして、3cmの細切りにする。
5. すべての材料をボウルに入れて、混ぜ合わせた調味料で和える。

◇ 散歩に出かけるとしいの実を拾ったり、「草相撲しよう」と少女になるキョンスンハンメ。

玉ねぎときゅうりの昆布和え

■ 調理時間／15分

材料 4人分
- 玉ねぎ（小） …………… 2個
- きゅうり ………………… 1本
- 塩昆布 …………………… 20g
- 【調味料】
  - 塩 …………………… 少々

[作り方]
1. 玉ねぎは皮をむき半分に切り、半月形の薄切りにして水に5分さらす。
2. きゅうりは、洗って小口切りにして塩水にさらす。
3. 1 2 の水気を切り、ボウルに塩昆布を入れ、ざっくり混ぜ合わせる。

「生まれて初めて字を書いた」「手に汗かいた」と嬉しそうなハンメたち。

わけぎのセンジョリ

■ 調理時間／10分

材料 4人分

わけぎ	1把
にら	½把
きゅうり	1本
春菊	½把
パプリカ（赤、黄）	各½個

【調味料】

しょうゆ	大さじ3
ごま	大さじ1
酢	小さじ2
おろしにんにく	小さじ2
ごま油	小さじ2
砂糖	小さじ1½
粉唐辛子	小さじ1½

[作り方]

1. 調味料を合わせる。
2. 野菜を洗い、わけぎ、にら、春菊は根を切りそろえて、5cmの長さに切る。
3. きゅうりは小口切りにする。
4. パプリカは縦に細切りにし、熱湯をさっとかける。
5. 食べる直前にボウルに 2 3 4 を入れて、 1 の調味料をかけてざっくり混ぜ、器に盛り付ける。

◇ 青唐辛子収穫後の葉っぱもハンメたちの大好物。朝差し入れられると昼にはナムルに。

たらのクンムル

■ 調理時間／30分

材料 4人分

たら（切り身）	4切
大根	¼本
山東菜	4株
水	1000cc

【調味料】
- しょうゆ …… 大さじ1
- 薄口しょうゆ … 大さじ2
- だしの素 …… 大さじ½
- おろしにんにく… 大さじ1

[作り方]

1. 大根は皮をむいて2mm幅のいちょう切りにする。
2. たらはぬめりを取るため、熱湯をかける。
3. 山東菜は良く洗い、熱湯に塩をひとつまみ（分量外）入れ、さっとゆでたらすぐ水にとり、根を切り取り4等分に切る。
4. 鍋に水と大根を入れて火にかける。
5. 大根が柔らかくなったら、3と調味料を入れる。
6. 5が沸騰したら鍋に2を並べ入れる。
7. たらの身が白くなってきたら、あくをすくい取り、味見をして味を調える。

「正月用にたら一本買うのが楽しみだった。身を干してチヂして食べるとうまいんだ！」 ◇

牛すじのクンムル

■ 調理時間／60分

材料 4人分

牛すじ肉（生）	300g
大根	¼本
長ねぎ	1本
えのき（小）	1袋
セロリ	1本
豆腐	½丁
水	1500cc

【調味料】
- しょうゆ　大さじ2強
- だしの素　大さじ2
- おろしにんにく　小さじ2

※【ヤンニムジャン】（P75参照）

※セロリの代わりにずいきを使ってもよい

◇「何もかも忘れても食べる事は忘れん！」「はははは！」「人間食べる事忘れたら、おしまいだがね」

［作り方］

1. 牛すじ肉（生）は、水（分量外）からゆでる。
2. あくが出てきたら一度ゆで汁を捨てて、水を入れなおし、柔らかくなるまでゆでる。
3. 材料の野菜をよく洗う。
4. 大根の皮をむき、5mm幅のいちょう切りにする。長ねぎは、ななめ切りにする。えのきは、石づきを切ってほぐす。豆腐、セロリも食べやすい大きさに切る。
5. 牛すじ肉が柔らかくなったら、水でよく洗い一口大に切る。
6. 鍋に水、大根と牛すじ肉を入れ、火にかける。
7. 大根が柔らかくなったら調味料を入れる。
8. えのき、セロリ、豆腐、長ねぎを入れて火が通ったら火を止めて、器に盛り付ける。
9. お好みで、ヤンニムジャンを入れてもよい。

> **！アレンジレシピ**
>
> ● マダンではハンメたち向けに優しい味に仕上げている牛すじのクンムル。一般家庭では、トランテ（里芋のつるを干したもの＝ずいき）を炊きこんで、ヤンニム、コチジャンをたっぷり入れてパンチのある牛すじのクンムルを食します。

パッチュ

■ 調理時間／40分（米を水につける時間、小豆をゆでる時間をのぞく）

● パッチュ（팥죽）：小豆粥

材料 4人分

小豆	300g
餅粉	180g
米	1合
水（小豆用）	750cc
水（餅粉用）	140cc

【調味料】
塩 …… 少々

> **! アレンジレシピ**
>
> ● 紹介した調理法では小豆をこしていますが、こさずにそのまま炊いてもコクがあっておいしいです。また、白玉を入れなくてもいいですよ。

◇ 朝鮮かぼちゃ入りパッチュ（小豆粥）の炊き方を教えてくれたスリョンハンメ。

[作り方]

1. 米を洗い、30分くらい水につける。
2. 餅粉に水140ccを入れ、耳たぶ位になるまでこねて、12個の団子を作る。
3. 小豆はさっと洗い、指で軽くつぶれる位までゆでる。
4. ゆでた小豆に水750ccを入れてボウルにざるを置き、小豆をこす。
5. しぼり汁を鍋に移し、水切りした米を入れて火にかける。米が焦げないように木じゃくしでかき混ぜる。
6. 混ぜていた米が柔らかくなったら団子を入れて、塩で味を調える。

ハンメの知恵袋

パッチュ＝小豆粥は冬至に食べるものですが、普段も食べます。塩味で、主食となります。1世に育てられた2世の多くは、幼い頃は苦手でしたが年を重ねるごとに懐かしくなる食べ物です。

「アイゴムシラー（嘆くときの言葉）、よう長生きした」

特別な日の食卓

❶キムパ／P54　❷ピビンパ／P56　❸トック／P58　❹テジコギ／P59　❺豆腐チヂ／P60
❻岩のりのムンチ／P61　❼ム／P62　❽わかめのクンムル／P63　❾テンジャン／P64
❿シルト／P66　⓫スット／P68　⓬ソンピョン／P70　⓭ヤッパ／P72

キムパ

■ 調理時間／60分

● キムパ（김밥）：のりまき

材料 4人分

ご飯	2合
牛肉切り落とし	100g
ほうれん草	⅔把
にんじん	1本
卵	3個
たくわん	適量
魚肉ソーセージ	1本
カニカマ	5本
焼きのり	4枚

【調味料】

A { ごま油　大さじ2
　　塩　　　小さじ½

B { しょうゆ　大さじ½
　　みりん　　大さじ½

C { 塩　　　少々
　　ごま油　小さじ1

◇「あの世も満員、この世も満員、どこも満員」

[作り方]

1. 炊きたてのご飯にAを混ぜ合わせる。
2. 鍋に牛肉、Bを入れて水分がなくなるまで炒める。卵焼きを作り、棒状に切る。
3. ほうれん草をゆでて、4cmに切る。にんじんは千切りにして炒める。それぞれを、混ぜたCで和える。
4. たくわん、魚肉ソーセージ、カニカマを棒状に切る。
5. 巻きすにのりを置き、ご飯を広げて具材をのせて巻く。
6. 分量外のごま油と塩を手のひらにつけキンパを握り、焼きのりに風味をつける。
7. 一口大に切り分け、ごまをふりかける。

ハンメの知恵袋

キムパは、「韓流」で身近になったメニューのようです。
先ずはキムパによく使われる「韓国のり」。今や韓国旅行のお土産ナンバーワンとなっていますが、商品化されたのはここ数年のこと。ハンメたちは、日本の板のりにごま油と塩をまぶし、火であぶって食卓に出していました。

ピビンパ

■ 調理時間／60分（干しわらびを戻す時間をのぞく）

● ピビンパ (비빔밥)：混ぜご飯

材料 4人分

わらびのナムル、大根のナムル、ほうれん草のナムル（作り方 P26）、もやしのナムル（作り方 P26）
なます、ミンチ、錦糸卵、きざみのり、コチジャン（作り方 P74）、ご飯

[わらびのナムル]
- 干しわらび ……………100g
- ごま油 ………………大さじ1½
- すりごま ………………少々
- 【調味料】
  - 濃口しょうゆ ……大さじ1½
  - 酒、みりん ……各大さじ1
  - おろしニンニク ……小さじ1
  - だしの素 …………大さじ1

[大根のナムル]
- 大根（中）………… 1本
- 水 ………………… 200cc
- ごま油 ………… 大さじ2
- ごま …………… 大さじ1
- 【調味料】
  - 塩 ……………… 小さじ1
  - 砂糖 ………… 大さじ2〜3

[なます]
- 大根 ……………… 350g
- にんじん ……………50g
- 塩… 大根とにんじんの分量の3%
- 【合わせ酢】
  - 酢、砂糖、水 … 各100cc

[ミンチ]
- 鶏ひき肉 ……………100g
- 油 …………………… 適量
- 【調味料】
  - 薄口しょうゆ ……… 大さじ1
  - みりん …………… 小さじ1

◇「スンニュン（釜底のご飯のお焦げに水を注いでわかしたもの）飲みたいな」

[わらびのナムルの作り方]

1. 干しわらびを熱湯に30分つけておく。
2. 戻りしだいそのままゆでる。
3. 芯が指でつぶれるくらいまでゆで、洗って水に一晩つけ、あくをとる。
4. ごま油を熱して、わらびを炒め、調味料を入れてさらに炒める。できあがりにすりごまをかける。
   ※わらびのかわりにぜんまいの水煮でも代用できる。

[大根のナムルの作り方]

1. 大根は、細切りにする。
2. 鍋にごま油を入れて火にかける。
3. 細切りにした大根を入れて炒め、水を入れてふたをする。
4. 8～10分位煮たら、調味料を入れて弱火にして5分ほど煮る。
5. ごまをまぶして、出来上がり。

[なますの作り方]

「合わせ酢」
1. 水を小鍋に沸かし、砂糖を入れて溶かしておく。
2. 火を止めて、酢を入れ常温で冷ます。

「調理の仕方」
1. 「合わせ酢」を作っておく。
2. 大根、人参を千切りにして塩を振りしんなりさせる。
3. 2の水気をふきんで絞る。
4. 1につけて、出来上がり。

[ミンチの作り方]

1. フライパンに適量の油をひき、鶏ひき肉を炒める。
2. 全体に火が通り肉汁が出てきたら、調味料を入れ汁気がなくなるまで炒める。

[ピビンパの食べ方]

深めの器に、お茶碗に軽く一杯の温かいご飯を入れて、ナムルを色どりよく盛りつける。コチジャンをお好みの分量で入れて、スプーンでよくかき混ぜる。
錦糸卵のかわりに、縦半分に切った半熟卵や、半熟の目玉焼きをのせてもよい。

! **アレンジレシピ**

マダンではミンチを入れずにさっぱりとしたピビンパを提供しています。ピビンパのナムルは、ほうれん草、もやし、わらびやぜんまいが定番ですが、季節の野菜で楽しめます。夏にはレタスやきゅうりをセンジョリしてピビして食べたり、すっぱいキムチを入れたりしてもおいしいです。

ハンメの知恵袋

ピビンパの意味は「混ぜごはん」。アルミのボールに残り物のナムルとすっぱくなったキムチ、コチジャンとごはんを「ピビして」たべる光景は、チェサ（祭祀）の翌日に在日コリアンの家庭でよくみられました。今はひとつのメニューとして定着しています。

トック

● トック（떡국）：雑煮

■ 調理時間／20分

材料 4人分

トック（市販の物）	400g
鶏ひき肉	150g
卵	1個
きざみのり	適宜
水	800cc

【調味料】
A「鶏ひき肉の味付け」
- みりん　　大さじ1
- 酒　　　　大さじ1
- しょうゆ　大さじ1
- こしょう　少々

B「トックスープ」
- 薄口しょうゆ　大さじ2
- 酒　　　　　　大さじ1
- みりん　　　　大さじ1
- だしの素　　　小さじ1

[作り方]

1. フライパンを火にかけて、鶏ひき肉とAを入れる。鶏ひき肉の色が変わり始めたら軽く混ぜ、味を調える。
2. 錦糸卵を作る。
3. 水を鍋に入れ、火にかけてBを入れる。沸騰したらさっと水洗いしたトックを入れる。
4. トックが浮いてきたら、火を止める。
5. トックを器に移して、1 2 をのせてきざみのりを散らす。

ハンメの知恵袋

昔は年末に、棒状になったトックが売られていました。ハンメたちは娘たちと一緒に一口サイズに切りました。硬くて大変な作業でした。正月に食べるものだから、大人たちは「トックを何杯食べた？（何歳になる？）」と子どもたちに語りかけ、セベトン（お年玉）をあげました。

◇「今はええなあ。いつでもトックがバラで売っとる」

テジコギ

● テジコギ（돼지고기）：豚肉

■ 調理時間／40分

材料 4人分

豚バラ肉	600g
しょうが	15g
長ねぎ	1本
にんにく	2片
【調味料】	
酒	100cc
みそ	100g
塩	ひとつまみ
【チョジャン】（P75参照）	適宜

[作り方]

1. しょうがは皮付きのままきれいに洗い、薄切りにする。長ねぎは15cmに切る。
2. 鍋に肉がかぶる位の水を入れて沸騰させ、あくが出たらゆで汁を全部捨てる。
3. あらたに肉がかぶる位の水を入れ、しょうが、長ねぎ、にんにく、調味料を入れる。
4. 鍋を火にかけて煮立ったら中火にし、ふたをして20分ゆでる。
5. 火を止め、ゆで汁に付けたまま冷ます。
6. 5mm幅に切って皿に並べ、チョジャンを添える。

家では食べたくても食べられないキムチが食べられると喜ぶジュホンハルベ。

豆腐チヂ

■ 調理時間／30分

材料 4人分

絹ごし豆腐	2丁
白ねぎ	10 ㎝
片栗粉	適宜
ごま油	適宜
【調味料】	
しょうゆ	大さじ2
酒	大さじ2
砂糖	大さじ1
みりん	小さじ2
おろしにんにく	小さじ1
水	150 ㏄
コチジャン	大さじ2

[作り方]

1. ねぎはしらがに切り、水に10分さらして水気を切る。
2. 調味料を合わせる。
3. 豆腐はたて半分に切り4等分する。キッチンペーパーで包み5分水切りをする。
4. 水気を切った豆腐に片栗粉をまぶし、軽くはたく。
5. フライパンに多めのごま油を引き、中火で豆腐の両面をこんがり焼く。
6. フライパンの油を、ペーパーでふきとり、2 を入れてからめる。
7. 皿に盛り付け、しらがねぎを飾る。

◇「わし、生まれて初めて筆もった！」

岩のりのムンチ

● ムンチ（뭉치）：もみこみ

■ 調理時間／20分（岩のりをほぐす時間をのぞく）

材料 4人分

岩のり（板）	100g
【調味料】	
しょうゆ	90cc
酒	60cc
みりん	50cc
砂糖	40g
おろしにんにく	2片分
粉唐辛子	大さじ2
ごま油	大さじ5
ごま	適宜

[作り方]

1. 岩のりは手でほぐす。
2. 鍋に、しょうゆ、酒、みりん、砂糖を入れ火にかけて、煮立たせ冷ます。
3. 冷めた 2 に残りの調味料を入れてよく混ぜ合わせる。
4. 大きいボウルに、ほぐした岩のりを入れて、3 をふりかけるようにしながら、のりにもみこむ。

※岩のりのかわりにあおさでも代用できる。

ハンメの知恵袋

岩のりをパレ、細い青のりをシンギとハンメたちは言います。春になると、海辺のハンメたちはパレやシンギを取りに出かけました。パレもシンギも生であれ、乾燥したものであれ、同じ調理法で食べられます。

「わしのチョソンイルム（朝鮮名）、こんなかたちしとるんか！」

ム

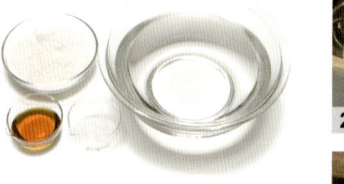

■ 調理時間／60 分

● ム（号）：そば豆腐

材料 4人分

そば粉 ………… 200g
水 ………… 1650 cc
【調味料】
　塩 ………… 小さじ1
　ごま油 …… 大さじ1

[作り方]

1. 鍋にぬるま湯650cc準備する。
2. 1に、そば粉、調味料を入れ、よく混ぜて30分以上置く。
3. 2の鍋を中火にかけて、1000ccの熱湯を4回（250cc）に分けて、そば粉をかき混ぜながら入れる。
4. 沸騰してきたら鍋底にそば粉が焦げ付かないように、へらで約20分混ぜ続け、ヘラから落ちるムで字がかけるようになったら、熱いうちに、バットに流し込む。
5. 冷めたらバットから取り出して切り分ける。

アレンジレシピ

ムは細切りにして、すっぱいキムチ、韓国のりとピビしたり、つゆ（温冷）で食べてもおいしいです。

◇ こげ茶色のトトリム（どんぐりどうふ）はハゴプハルベの得意料理です。

わかめのクンムル

■ 調理時間／20分

材料 4人分

- わかめ（生） …… 150g
- メンテ（乾燥） …… 30g
- 水 …………… 800cc
- ごま油 ………… 大さじ2
- ごま …………… 適宜

【調味料】
- 薄口しょうゆ … 大さじ3
- だしの素 …… 小さじ1
- 塩 …………… 小さじ1

[作り方]

1. わかめは洗って水気を切り、一口大に切る。
2. メンテはさっと水洗いして、しぼる。
3. 鍋にごま油を入れてわかめ、メンテを炒める。
4. 水を入れ、沸騰してきたらあくをすくい取る。
5. 調味料を入れて、味の調整をし、ごまをふる。

！**アレンジレシピ**

- 鶏がらやひき肉、鯛やホタテ、シーチキンなど、ベースとなるものは様々です。

ハンメの知恵袋

わかめのクンムルをミヨックと言います。誕生日や出産後の産婦に必ず飲ませるクンムルです。わかめは長寿を意味するので、誕生日などのお祝い事では絶対に包丁で切らず、手でちぎります。在日コリアンの産婦は、ミヨックを飲みすぎて、お乳がはって苦労します。また、風邪や病床時にはミヨックは禁物。病気を長引かせるとのこと。

「マダンの誕生日が来る度にわしらは若返るんだ」◇

テンジャン

■ 調理時間／40分

● テンジャン（된장）：納豆煮味噌汁

材料 4人分

豚切り落としまたはバラ肉	50g
あさり	200g
ズッキーニ（大）	½本
（または大根	¼本）
大豆もやし	50g
にんにく	4片
青唐辛子	1本
長ねぎ	½本
絹ごし豆腐	½丁
水（米のとぎ汁）	450cc
【調味料】	
赤みそ	60g
納豆（大粒）	80g

◇「テンジャンとご飯があったら充分！」と言うハンメたち。

[下ごしらえ]

1. あさりは塩抜きして洗う。
2. ズッキーニは短冊切りにする。
3. もやしは根を切って水洗いしておく。
4. にんにくは皮をむいておく。(お好みで)
5. 青唐辛子は細かく刻んでおく。
6. ねぎは斜め切りしておく。
7. 豆腐は長方形に切っておく。

[作り方]

1. 鍋に水、豚肉、あさりを入れ中火にかける。
   ＊あさりはすぐに噴き出すので要注意。
2. 沸騰したらあくをとる。
3. ズッキーニ、にんにく、もやしを入れて中火で煮る。＊かきまぜないこと
4. 10分ほど煮てやわらかくなったら調味料をすべて入れて弱火で煮込む。
5. 10分ほどしたら豆腐、青唐辛子を入れ弱火で煮込む。
6. 10分ほどしたらねぎを乗せ弱火で3分ほど煮込む。

! アレンジレシピ

チゲ用鍋は保温に優れているのでテンジャンに適していますが、普通の鍋でもかまいません。具材はズッキーニの代わりに大根や玉ねぎ、季節の野菜でお楽しみいただけます。
あさりだけでも、豚肉だけでもかまいません。

ハンメの知恵袋

テンジャンとは「みそ」という意味ですが、テンジャンチゲの略語でもあります。その素はメジュと言い、大豆などをゆでて発酵させ干したもの。四角く固めてわらや縄でくくり、軒下や屋根の上に干したそうです。ハンメたちはそのメジュを、日本の食材である納豆で代用しました。納豆を入れて作った味噌仕立てのクンムルを「テンジャン」と呼んでいます。

「テンジャンに具材をつけ足して何日間も食べる？ 鍋はいつ洗うん？」

シルト

● シルト（시루떡）：蒸し餅

■ 調理時間／30分

材料 4人分

餅粉	125g
米粉	125g
小豆納豆	50g
甘納豆（大）	50g
ぬるま湯	180cc
グラニュー糖	大さじ1
塩	少々
ごま油	適宜

◇ チェサで手作りしていた餅の話をしてくれるチョメハンメ。

［作り方］

1. ボウルに餅粉と米粉、グラニュー糖、塩を入れ混ぜ合わせる。
2. 1にぬるま湯を少しずつ注ぎ、耳たぶくらいの柔らかさになるまでこねる（5分程度）。
3. 2に小豆納豆を混ぜ、皿をかぶせて直径20㎝の大きさに形を整える。表面に甘納豆を押しこみながら飾り付ける。
4. 蒸し器の水が沸騰して湯気があがってきたら、蒸し布をしめらせ3を包み、入れる。ふたをして15分強火で蒸す。
5. 蒸し上がった餅は、蒸し布の先をつまんで皿の上に取り出し、蒸し布を開いて別の皿をかぶせ裏返す。
6. 蒸し布をめくり取り、裏面にごま油をはけで軽くぬり、さらに皿をかぶせ裏返し、表面にもごま油をはけでぬる。

ハンメの知恵袋

シルトとはせいろで蒸したお餅のことです。米粉が基本です。米粉が多いと割れやすいので、チェサのお供えではシルトを使い、お祝い事にはシルトではなく餅粉を基本としたチャルトを使うそうですが、マダンのシルトは米粉と餅粉を半々にします。

スット

● スット（숫떡）：よもぎ餅

■ 調理時間／40分（もち米を水につける時間をのぞく）

材料 4人分	
餅米	3合
よもぎ（冷凍）	200g
きな粉	100g
【調味料】	
三温糖または上白糖	300g
※多いほど固くなりにくい。	
塩	小さじ2

◇「スットがいいな！」「よもぎのクンムルがいいな！」「よもぎにうどん粉つけて蒸してたべたいな！」

［作り方］

1. 餅米を洗って、一晩水につけて30分水切りする。
2. よもぎは細かく刻む。
3. バットに分量の半分のきな粉を敷く。
4. ①をもちつき機に入れて、「蒸しモード」にする。
5. ④の「蒸し」が終了したら「もちつきモード」にする。
6. 「もちつきモード」で米粒がなくなってきたら塩を入れて、②を少しずつ入れる。しゃもじで真ん中を押しつけながら均等に混ざるようにする。
7. 三温糖、上白糖も同じように、少しずつ均等に混ざるように入れこんでいく。
8. 熱いうちにバットに移し、残りのきな粉をかけながら手で平たく伸ばす。一口大に切る。

> **アレンジレシピ**
>
> ● よもぎのことをスッと言います。
> スッは上の柔らかい部分を摘みきれいに水洗いした後、沸騰した湯に少量の重曹（2000ccに対して小さじ1）を入れゆでます。茎を摘まんで柔らかくなったら火を止め、あくで青くなった湯を捨て、水に浸します。水がきれいになるまで2日間かけて2回くらい水を換えます。軽く絞って小分けし、冷凍しておいたものをスッㇳに使います。

ソンピョン

■ 調理時間／40分

● ソンピョン（송편）：あんこ餅

材料 4人分	
米粉	1カップ
くちなしの実	1個
食紅	耳かき1/3
【調味料】	
砂糖	大さじ2
塩	ひとつまみ
湯	大さじ4～5
ごま油	適宜
「ごまあん」	
すりごま	大さじ4
砂糖	大さじ2
はちみつ	大さじ1
シナモンパウダー	適宜
塩	少々

※小豆あんは市販のものを使う。

◇ 自家製タンスル（甘酒）をおやつにさし入れてくれるハンメ、ハルベたち。

[作り方]

1. くちなしの実の皮を破り、少量の水で色だししておく。
2. 「ごまあん」の材料を混ぜておく。
3. 米粉に砂糖、塩を入れて両手で混ぜた後、湯を入れ耳たぶ位の柔らかさまで、良くこねる。
4. 3 を3等分にして食紅、1 の水を入れて全体に色がなじむようにこねる。3色の生地をそれぞれ、4等分にする。乾燥を防ぐために濡れふきんをかける。
5. 生地を1個取り、手のひらで丸め、穴を作りお好みのあんを入れる。
6. あんが漏れないようにしっかり包み、餃子を作るように楕円形にする。
7. 蒸し器に水を入れ、強火にかける。湯気が上がったら、6 を並べ入れて15〜20分ほど中火にかけて蒸す。
8. 蒸し上がったら取り出し、ごま油をはけでぬる。

ハンメの知恵袋

ハンメたちはお餅が大好きです。お祝い事にはお餅がつきもの。餅つき機ができて、最近はとても便利になりました。
ソンピョンは、新米でついた餅にパッコムル（小豆あん）コンコムル（きな粉あん）、ケコムル（ごまあん）などをいれて包み、松の葉を敷いた蒸し器で蒸し、ごま油を塗ったもので、チュソク（秋夕＝旧盆）名節チェサで先祖にお供えします。形は地方によって様々ですが、ソンピョンを可愛くつくれると良い嫁になるといいます。

ヤッパ

● ヤッパ（약밥）：薬飯

■ 調理時間／40分（もち米を水につける時間をのぞく）

材料 4人分

- もち米 …………… 2合
- 干しなつめ、くるみ、レーズン
  　 …………… 各70g
- 松の実 …………… 適宜
- クランベリー ………… 適宜
- 栗の甘露煮（飾り用）… 2個

【シロップ】
- 黒砂糖 …………… 70g
- 三温糖 …………… 70g
- ごま油 ………… 大さじ1½
- しょうゆ ………… 大さじ2
- シナモン ………… 小さじ2
- 蜂蜜 …………… 適宜
- 水 …………… 調整用

[作り方]

1. もち米はきれいに洗って、2時間水につける。
2. 干しなつめの種を取り除き、細かく切る。
3. 鍋に「シロップ」の材料を入れて、水を注ぎながら弱火で砂糖を溶かす。すべての分量が2.5合になるように調整する。（炊飯する時の水分量）
4. 水切りをした 1 と 3 と栗の甘露煮以外の材料を炊飯器に入れ、材料が均等になるようにかき混ぜて、「おこわモード」で炊く。
5. 炊きあがったら軽くかき混ぜて、アルミホイルに取り分ける。
6. 栗の甘露煮を切り分けて飾りつける。

＊圧力釜の場合は、重りが回り始めたら弱火にして3分。火を消して、10分蒸らす。

！アレンジレシピ

レーズン、クランベリーではなく干し柿を使ってもおいしいです。

◇ 寝ぼけては「オンマー、わし置いてどこ行くー」と歌うスリョンハンメ。

ヤンニム

かんたんコチジャン／ヤンニムジャン／サムジャン／チョジャン／焼肉用もみだれ

ハンメの知恵袋

ヤンニョム（薬念）をハンメたちはヤンニムと言います。基本的に、とうがらし、にんにく、しょうがをベースにしたキムチの素をヤンニムと言います。とうがらしは日本産のものは辛いようです。
ハンメたちはキムチをチムチと言います。
チムチは塩漬け（スムチギ）が大事。野菜が浸るぐらいの水がでるまでスムチギして、しっかり水洗い、水切りしてからヤンニムをまんべんなくまぶします。ヤンニムには、桜エビ、昆布だし、りんごなど様々な薬味を足してアレンジします。これをフードプロセッサーで一気に！

かんたんコチジャン

● 고치장：唐辛子みそ

■ 調理時間／20分

【材料】
水 ……………… 270cc
塩 ……………… 大さじ1
三温糖 ………… 250g
酒 ……………… 小さじ1
淡色みそ ……… 300g
酢 ……………… 小さじ1
粉唐辛子（細）…… 100g

[作り方]
1. 鍋に水、三温糖を入れ、火にかけて、三温糖が溶けるまで熱する。
2. 三温糖が完全に溶けたら、みそを入れ、丹念にかき混ぜながら火にかける。
3. みそが滑らかになり、ほどよく水分がとんだら粉唐辛子を入れ、よく混ぜ合わせて火を止める。
   ※混ぜすぎると固くなる。
4. 煮詰めたものを火からおろし、人肌程度まで冷ましてから、塩、酒、酢を加え、丹念にかき混ぜるとできあがり。
   ※熱いうちに塩、酒、酢を加えないこと。

ヤンニムジャン ●양념장：薬味しょうゆ

【材料】
しょうゆ …………… 大さじ2
みりん ……………… 大さじ1
おろしにんにく …… 小さじ1
粉唐辛子 …………… 小さじ1
ごま油 ……………… 大さじ½
いりごま …………… 小さじ1
きざみねぎ ………… 大さじ1

サムジャン ●쌈장：万能合わせみそ

【材料】
こうじみそ ………… 大さじ4
コチジャン ………… 大さじ1
粉唐辛子 …………… 大さじ1
みりん ……………… 大さじ2
ごま油 ……………… 大さじ1
ごま ………………… 小さじ1
きざみねぎ ………… 大さじ3

チョジャン ●초장：唐辛子酢みそ

【材料】
酢 …………………… 200cc
コチジャン ………… 大さじ5
砂糖 ………………… 大さじ1
おろしにんにく …… 大さじ3

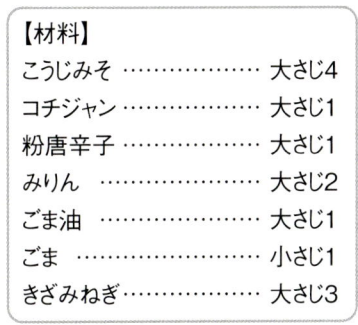

焼肉用もみだれ

【材料】
醤油 ………………… 100cc
粉唐辛子 …………… 大さじ1
砂糖 ………………… 大さじ1
みりん ……………… 大さじ2
ごま油 ……………… 大さじ1
ごま ………………… 小さじ1

おわりに

●

　朝鮮が日本の植民地になったのは1910年。それから100年以上の歳月が流れました。太平洋戦争下では、朝鮮半島は日本の軍事基地とされ、朝鮮人は軍人、軍属、労働力として使われました。

　「アボジ（お父さん）が日本で土方してたで、後からオモニ（おかあさん）と兄弟たちと日本に来たんだ」、「相愛会の募集で、豊橋の製糸工場に来たんだ」、「でっち奉公に行かされたけど日本語がわからなくて苦労した」などなど、ハンメたちが話してくれました。

　「九州の炭鉱によ、連れてこられたんだ」、「よう殴られてよー」、「汽車に乗ったとき、アボジがくれたカンジャン（醤油）をのんで気を失った。むしろにくるまれてほかされて。それで徴用を免れたんだ」などと、ハルベ（ハラボジ＝おじいさんの方言）たちも話してくれました。

　朝鮮人も日本人になるようにと、「皇国臣民化教育」、「創氏改名」が行われました。

　「学校に行かせてくれたけど、日本語しか教えなかった」、「朝鮮語が出るがね。そしたら叱られて廊下に立たされた」、「日本語しゃべりたくなくて、学校では貝だったよ」とハンメ、ハルベたちは話します。そして、ほとんどのハンメ、ハルベたちが今も普段は当時に変えられた日本名を使っています。

　日本の植民地時代に朝鮮半島から渡って来た朝鮮人たちを在日コリアン1世と言います。約9割の人たちは朝鮮半島の南部から渡って来ました。戦後、祖国に帰れなかった人たちは100万人もいました。

　「みんな引き揚げるんだと名古屋駅に向かったけど、船が沈没したって噂が流れたんだ」、「せっせと稼いだ金も持っていけないと言われた」。

　戦後間もなく祖国は分断し、大韓民国（1948年8月15日）と朝鮮民主主義人民共和国（1948年9月9日）が建国されます。朝鮮戦争（1950〜1953年）により分断が固定化し、「統一したら帰ると思っていたのに、こんなに年とってしまった」とハンメたちは呟きます。

　日本人としての人生を選んでいくトンポ（同胞）たちもいましたが、多くの1世たちが在日コリアンとしての暮らしを築いていきました。

　食糧難の時代、様々な工夫をして「食文化」も築いてきたのです。戦争中、ハンメたち

は畑に捨てられていたさつま芋のつる（コグマチュルゴリ）をもらい、上手に調理しました。日本の人たちが捨てていた牛や豚の内臓も美味しく調理しました。みなさんお馴染みの「ホルモン」の語源は「ほおるもん＝捨てるもの」だと言います。

　故郷では、どの家でも作っていたメジュ（大豆発酵食品）。1世たちは日本の食品「納豆」で代用し「テンジャン」（納豆煮味噌汁）をつくりました。日本国内でどこに住んでいても「テンジャン」といったら通じるのです。また、私たちが食べる「そうめん」は、きゅうり、たまご、ヤンニムジャンをのせたもの。この度、「ハンメそうめん」と名付けました。

　ページ下の一行コメントで紹介している、朝鮮かぼちゃで作っていた飴をさつま芋で代用した芋飴や、故郷では各家庭でつくられていたどぶろくをつくり売っていたエピソードなどは、ハンメたちが、貧しい暮らしのなかでも知恵を絞り、子どもたちを育てて来た軌跡です。

　80年以上にわたる他郷暮らしの切なさ、哀しさ、胸の奥底に積み重なったハン（恨）を私たちは想像することしかできませんが、消えていくハンメたちの姿、匂い、ぬくもり、サトゥリ（方言）に寄りそい、記憶し、子どもたちへ、友人たちへ、となりに暮らす人たちへ伝えていきたいと思っています。

　この度の企画で最も苦労したことは、メニューをレシピ化することでした。調理員たちが目分量で賄ってきたものを正確に計ることは、予想以上に多くの時間と手間を要しました。マダンごとにメニューが違い、同じメニューでも作り方が違うなか、各マダンの人気メニューをバランスよく紹介しようと試みました。

　「無謀」ともいえたこの度の企画を実現してくれた株式会社アトリエ・ハルの金清美氏は、コリアンネットあいちの広報物の編集を10年間にわたり引き受けてくれている在日コリアン3世の有望なクリエーターです。そして、本書の制作には、東海ろうきんNPO育成支援助成金および在日コリアン企業家の方々からの賛助金を使用させていただきました。あらためて心から感謝します。

　『ハンメの食卓　日本でつくるコリアン家庭料理』を通して、あなたとともに暮らす在日コリアンへ思いを馳せていただけることを願っています。

■コリアンネットあいち　　http://www.kn-aichi.or.jp

　デイサービスセンターいこいのマダンの前身は「名東トンネ憩いのマダン」で、名古屋市北区大曽根周辺に住むハンメたちのために、週に2回のマダンランチとレクリエーションを提供してきました。

　申美貴初代理事長の呼びかけに、ハンメたちに少しでも恩返しをしたいとの思いでボランティアたちが集い、2年にわたりおいしい食事を作ってきました。

　その後、有志たちが力を合わせて2003年2月22日にNPO法人を設立し、同年6月4日に認証、6月10日に登記し、10月1日から介護保険事業所としてデイサービスセンターいこいのマダンがスタートしました。2005年7月1日からは居宅介護支援事業所ファニーが、同年11月1日からはデイサービスセンターせとマダン（2019年7月まで）が、2011年2月1日からはデイサービスセンターゆめマダン（2018年1月まで）がスタートしました。その間に、同胞障がい者と家族、ボランティアが集うあいちムジゲ会（虹の会）支援、アイデンティティーを育むためのKOREA-子どもたちの遊びの広場事業、ウリハッキョ保健教育支援ネット事業、国際交流事業としてのハングル講座、多文化ネット「クミヨ（夢よ）」事業、ボランティアネットワーク・ポラム（生きがい・やりがい）ティア事業を展開してきました。まさに、在日コリアン1世の文化を学び伝えるための様々な事業を展開しながら今日に至っています。

　在日コリアン1世にとってマダンは、二度と帰れない「コヒャン（故郷）」に代わるかけがいのないところとなりました。私たちは、2世、3世にとっても、そして日本の方をはじめどなたにとっても「コヒャン」のようなマダン、真の多文化共生の拠点をめざしています。

　コリアンネットあいちは、祖国がひとつになることを願う、日本に暮らす同胞の総称として、「在日コリアン」という呼び名を使用しています。

■調理員紹介

南美智江　67歳　いこいのマダン調理員
20歳で在日コリアン2世の長男に嫁いで、お姑さんに料理を仕込まれました。長い間在日であることを隠して働いて来た私にとって、いこいのマダンは自分をさらけ出して過ごせる職場です。10年間、ハンメたちがおいしいと喜んでくれる姿に接しながら、私は在日コリアンであることを誇れるようになりました。

安文子　71歳　せとマダン調理員
22歳で在日コリアン2世の夫と結婚して、お姑さんに料理を習いました。もともと料理が好きで、せとマダンの調理員になってからも、いろいろアレンジすることを楽しんでいます。辛く調理したいのですが、ハンメたちは年々辛さが苦手になっています。和食と在日食のコラボを追求していきたいと思っています。

竹村美智子　58歳　ゆめマダン管理責任者
23歳で在日コリアンの家に嫁ぎ、初めてピビンパを食べている姿を見て、びっくりしましたが、チェサ（祭祀）の翌日、大きな鍋に残り物をピピして（混ぜて）みんなで食べたとき、こんなにおいしいものがこの世にあるんだ！と思いました。在日の食は日本人が受け入れやすいもの。若い人たちにチャレンジしてもらいたいです。

■編集構成スタッフ
　朱巴子、朴美順

ハンメの食卓 ― 日本でつくるコリアン家庭料理

　　　　　2013年10月31日　初版第1刷　発行
　　　　　2019年10月 1 日　初版第3刷　発行

編著者　　　　　　　NPO法人コリアンネットあいち

装丁・本文デザイン　株式会社 アトリエ・ハル
　　撮　影　　　　　株式会社 スタジオキッツ

発行者　　　　　　　ゆいぽおと
　　　　　　　　　　〒461-0001
　　　　　　　　　　名古屋市東区泉一丁目15-23
　　　　　　　　　　電　　話　052（955）8046
　　　　　　　　　　ファックス　052（955）8047
　　　　　　　　　　http://www.yuiport.co.jp/

発売元　　　　　　　KTC中央出版
　　　　　　　　　　〒111-0051
　　　　　　　　　　東京都台東区蔵前二丁目14-14

印刷・製本　　　　　モリモト印刷株式会社

内容に関するお問い合わせ、ご注文などは、すべて上記ゆいぽおとまで
お願いします。
乱丁、落丁本はお取り替えいたします。

ISBN978-4-87758-444-3 C2077
Ⓒ Korean Net Aichi 2013 Printed in Japan

ゆいぽおとでは、
ふつうの人が暮らしのなかで、
少し立ち止まって考えてみたくなることを大切にします。
テーマとなるのは、たとえば、いのち、自然、こども、歴史など。
長く読み継いでいってほしいこと、
いま残さなければ時代の谷間に消えていってしまうことを、
本というかたちをとおして読者に伝えていきます。